Jean De La Fontaine

Fables Livre I Illustrations par Gustave Doré

Table des matières

Préface

L'indulgence que l'on a eue pour quelques-unes de mes fables me donne lieu d'espérer la même grâce pour ce recueil. Ce n'est pas qu'un des maîtres de notre éloquence n'ait désapprouvé le dessein de les mettre en vers. Il a cru que leur principal ornement est de n'en avoir aucun ; que d'ailleurs la contrainte de la poésie, jointe à la sévérité de notre langue, m'embarrasseraient en beaucoup d'endroits, et banniraient de la plupart de ces récits la breveté, qu'on peut fort bien appeler l'âme du conte, puisque sans elle il faut nécessairement qu'il languisse. Cette opinion ne saurait partir que d'un homme d'excellent goût ; je demanderais seulement qu'il en relâchât quelque peu, et qu'il crût que les grâces lacédémoniennes ne sont pas tellement ennemies des muses françaises que l'on ne puisse souvent les faire marcher de compagnie.

Après tout, je n'ai entrepris la chose que sur l'exemple, je ne veux pas dire des anciens, qui ne tire point à conséquence pour moi, mais sur celui des modernes. C'est de tout temps, et chez tous les peuples qui font profession de poésie, que le Parnasse a jugé ceci de son apanage. A peine les fables qu'on attribue à Ésope virent le jour, que Socrate trouva à propos de les habiller des livrées des muses. Ce que Platon en rapporte est si agréable, que je ne puis m'empêcher d'en faire un des ornements de cette préface. Il dit que, Socrate étant condamné au dernier supplice, l'on remit l'exécution de l'arrêt, à cause de certaines fêtes. Cébès l'alla voir le jour de sa mort. Socrate lui dit que les dieux l'avaient averti plusieurs fois, pendant son sommeil, qu'il devait s'appliquer à la musique avant qu'il mourût. Il n'avait pas entendu d'abord ce que ce songe signifiait : car, comme la musique ne rend pas l'homme meilleur, à quoi bon s'y attacher ? Il fallait qu'il y eût du mystère là-dessous, d'autant plus que les dieux ne se lassaient point de lui envoyer la même inspiration. Elle lui était encore venue une de ces fêtes. Si bien qu'en songeant aux choses que le Ciel pouvait exiger de lui, il s'était avisé que la musique et la poésie ont tant de rapport, que possible était-ce de la dernière qu'il s'agissait. Il n'y a point de bonne poésie sans harmonie ; mais il n'y en a point non plus sans fiction, et Socrate ne savait que dire la vérité. Enfin il avait trouvé un tempérament : c'était de choisir des fables qui continssent quelque chose de véritable, telles que sont celles d'Ésope. Il employa donc à les mettre en vers les derniers moments de sa vie.

Socrate n'est pas le seul qui ait considéré comme sœurs la poésie et nos fables. Phèdre a témoigné qu'il était de ce sentiment, et par l'excellence de son ouvrage nous pouvons juger de celui du prince des philosophes. Après Phèdre, Avienus a traité le même sujet. Enfin les modernes les ont suivis : nous en avons des exemples non seulement chez les étrangers, mais chez nous. Il est vrai que lorsque nos gens y ont travaillé, la langue était si différente de ce qu'elle est qu'on ne les doit considérer que comme étrangers. Cela ne m'a point détourné de mon entreprise : au contraire, je me suis flatté de l'espérance que si je ne courais dans cette carrière avec succès, on me donnerait au moins la gloire de l'avoir ouverte.

Il arrivera possible que mon travail fera naître à d'autres personnes l'envie de porter la chose plus loin. Tant s'en faut que cette matière soit épuisée, qu'il reste encore plus de fables à mettre en vers que je n'en ai mis. J'ai choisi véritablement les meilleures, c'est-à-dire celles qui m'ont semblé telles ; mais outre que je puis m'être trompé dans mon choix, il ne sera pas difficile de donner un autre tour à celles-là même que j'ai choisies ; et si ce tour est moins long, il sera sans doute plus approuvé. Quoi qu'il en arrive, on m'aura toujours obligation : soit que ma témérité ait été heureuse et que je ne me sois point trop écarté du chemin qu'il fallait tenir, soit que j'aie seulement excité les autres à mieux faire.

Je pense avoir justifié suffisamment mon dessein quant à l'exécution, le public en sera juge. On ne trouvera pas ici l'élégance ni l'extrême brièveté qui rendent Phèdre recommandable ; ce sont qualités au-dessus de ma portée. Comme il m'était impossible de l'imiter en cela, j'ai cru qu'il fallait en récompense égayer l'ouvrage plus qu'il n'a fait. Non que je le blâme d'en être demeuré dans ces termes : la langue latine n'en demandait pas davantage ; et si l'on y veut prendre garde, on reconnaîtra dans cet auteur le vrai caractère et le vrai génie de Térence. La simplicité est magnifique chez ces grands hommes ; moi qui n'ai pas les perfections du langage comme ils les ont eues, je ne la puis élever à un si haut point. Il a donc fallu se récompenser d'ailleurs : c'est ce que j'ai fait avec d'autant plus de hardiesse que Quintilien dit qu'on ne saurait trop égayer les narrations. Il ne s'agit pas ici d'en apporter une raison : c'est assez que Quintilien l'ait dit. J'ai pourtant considéré que, ces fables étant sues de tout le monde, je ne ferais rien si je ne les rendais nouvelles par quelques traits qui en relevassent le goût. C'est ce qu'on demande aujourd'hui : on veut de la nouveauté et de la gaieté. Je n'appelle pas gaieté ce qui excite le rire, mais un certain charme, un air agréable, qu'on peut donner à toutes sortes de sujets, même les plus sérieux.

Mais ce n'est pas tant par la forme que j'ai donnée à cet ouvrage qu'on en doit mesurer le prix, que par son utilité et par sa matière. Car qu'y a-t-il de recommandable dans les productions de l'esprit, qui ne se rencontre dans l'apologue ? C'est quelque chose de si divin, que plusieurs personnages de l'antiquité ont attribué la plus grande partie de ces fables à Socrate, choisissant pour leur servir de père celui des mortels qui avait le plus de communication avec les dieux. Je ne sais comme ils n'ont point fait descendre du ciel ces mêmes fables, et comme ils ne leur ont point assigné un dieu qui en eût la direction, ainsi qu'à la poésie et à l'éloquence. Ce que je dis n'est pas tout à fait sans fondement, puisque, s'il m'est permis de mêler ce que nous avons de plus sacré parmi les erreurs du paganisme, nous voyons que la Vérité a parlé aux hommes par paraboles, et la parabole est-elle autre chose que l'apologue, c'est-à-dire un exemple fabuleux, et qui s'insinue avec d'autant plus de facilité et d'effet qu'il est plus commun et plus familier ? Qui ne nous proposerait à imiter que les maîtres de la sagesse nous fournirait un sujet d'excuse ; il n'y en a point quand des abeilles et des fourmis sont capables de cela même qu'on nous demande.

C'est pour ces raisons que Platon, ayant banni Homère de sa république, y a donné à Ésope une place très honorable. Il souhaite que les enfants sucent ces fables avec le lait, il recommande aux nourrices de les leur apprendre ; car on ne saurait s'accoutumer de trop bonne heure à la sagesse et à la vertu. Plutôt que d'être réduits à corriger nos habitudes, il faut travailler à les rendre bonnes pendant qu'elles sont encore indifférentes au bien ou au mal. Or quelle méthode y peut contribuer plus utilement que ces fables ? Dites à un enfant que Crassus, allant contre les Parthes, s'engagea dans leur pays sans considérer comment il en sortirait ; que cela le fit périr, lui et son armée, quelque effort qu'il fit pour se retirer. Dites au même enfant que le renard et le bouc descendirent au fond d'un puits pour y éteindre leur soif ; que le renard en sortit s'étant servi des épaules et des cornes de son camarade comme d'une échelle ; au contraire, le bouc y demeura pour n'avoir pas eu tant de prévoyance ; et par conséquent il faut considérer en toute chose la fin. Je demande lequel de ces deux exemples fera le plus d'impression sur cet enfant : ne s'arrêtera-t-il pas au dernier, comme plus conforme et moins disproportionné que l'autre à la petitesse de son esprit ? Il ne faut pas m'alléguer que les pensées de l'enfance sont d'elles-mêmes assez enfantines, sans y joindre encore de nouvelles badineries. Ces badineries ne sont telles qu'en apparence, car dans le fond elles portent un sens très solide. Et comme, par la définition du point, de la ligne, de la surface, et par d'autres principes très familiers, nous parvenons à des connaissances qui mesurent enfin le ciel et la terre, de même aussi, par les raisonnements et conséquences que l'on peut tirer de ces fables, on se forme le jugement et les mœurs, on se rend capable des grandes choses.

Elles ne sont pas seulement morales, elles donnent encore d'autres connaissances. Les propriétés des animaux et leurs divers caractères y sont exprimés ; par conséquent les nôtres aussi, puisque nous sommes l'abrégé de ce qu'il y a de bon et de mauvais dans les créatures irraisonnables. Quand Prométhée voulut former l'homme, il prit la qualité dominante de chaque bête : de ces pièces si différentes il composa notre espèce ; il fit cet ouvrage qu'on appelle « le petit monde ». Ainsi ces fables sont un tableau où chacun de nous se trouve dépeint. Ce qu'elles nous représentent confirme les personnes d'âge avancé dans les connaissances que l'usage leur a données, et apprend aux enfants ce qu'il faut qu'ils sachent. Comme ces derniers sont nouveaux venus dans le monde, ils n'en connaissent pas encore les habitants, ils ne se connaissent pas eux-mêmes. On ne les doit laisser dans cette ignorance que le moins qu'on peut ; il leur faut apprendre ce que C'est qu'un lion, un renard, ainsi du reste ; et pourquoi l'on compare quelquefois un homme à ce renard ou à ce lion. C'est à quoi les fables travaillent ; les premières notions de ces choses proviennent d'elles.

J'ai déjà passé la longueur ordinaire des préfaces, cependant je n'ai pas encore rendu raison de la conduite de mon ouvrage. L'apologue est composé de deux parties, dont on peut appeler l'une le corps, l'autre l'âme. Le corps est la fable ; l'âme, la moralité. Aristote n'admet dans la fable que les animaux ; il en exclut les hommes et les plantes. Cette règle est moins de nécessité que de bienséance, puisque ni Ésope, ni Phèdre, ni aucun des fabulistes, ne l'a gardée : tout au contraire de la moralité, dont aucun ne se dispense. Que s'il m'est arrivé de le faire, ce n'a été que dans les endroits où elle n'a pu entrer avec grâce, et où il est aisé au lecteur de la suppléer. On ne considère en France que ce qui plaît ; c'est la grande règle, et pour ainsi dire la seule. Je n'ai donc pas cru que ce fût un crime de passer par-dessus les anciennes coutumes lorsque je ne pouvais les mettre en usage sans leur faire tort. Du temps d'Ésope, la fable était contée simplement, la moralité séparée, et toujours en suite. Phèdre est venu, qui ne s'est pas assujetti à cet ordre : il embellit la narration, et transporte quelquefois la moralité de la fin au commencement. Quand il serait nécessaire de lui trouver place, je ne manque à ce précepte que pour en observer un qui n'est pas moins important. C'est Horace qui nous le donne. Cet auteur ne veut pas qu'un écrivain s'opiniâtre contre l'incapacité de son esprit, ni contre celle de sa matière. Jamais, à ce qu'il prétend, un homme qui veut réussir n'en vient jusque-là ; il abandonne les choses dont il voit bien qu'il ne saurait rien faire de bon :

Et quoe
Desperat tractata nitescere posse, relinquit.

C'est ce que j'ai fait à l'égard de quelques moralités, du succès desquelles je n'ai pas bien espéré.

Il ne reste plus qu'à parler de la vie d'Ésope. Je ne vois presque personne qui ne tienne pour fabuleuse celle que Planude nous a laissée. On s'imagine que cet auteur a voulu donner à son héros un caractère et des aventures qui répondissent à ses fables. Cela m'a paru d'abord spécieux ; mais j'ai trouvé à la fin peu de certitude en cette critique. Elle est en partie fondée sur ce qui se passe entre Xantus et Ésope ; on y trouve trop de niaiseries, et qui est le sage à qui de pareilles choses n'arrivent point ? Toute la vie de Socrate n'a pas été sérieuse. Ce qui me confirme en mon sentiment, c'est que le caractère que Planude donne à Ésope est semblable à celui que Plutarque lui a donné dans son Banquet des sept Sages, c'est-à-dire d'un homme subtil, et qui ne laisse rien passer. On me dira que le Banquet des sept Sages est aussi une invention. Il est aisé de douter de tout : quant à moi, je ne vois pas bien pourquoi Plutarque aurait voulu imposer à la postérité dans ce traité-là, lui qui fait profession d'être véritable partout ailleurs, et de conserver à chacun son caractère. Quand cela serait, je ne saurais que mentir sur la foi d'autrui : me croira-t-on moins que si je m'arrête à la mienne ? Car ce que je puis est de composer un tissu de mes conjectures, lequel j'intitulerai : Vie d'Ésope. Quelque vraisemblable que je le rende, on ne s'y assurera pas, et, fable pour fable, le lecteur préférera toujours celle de Planude à la mienne.

A Monseigneur le Dauphin

Je chante les héros dont Ésope est le père,
Troupe de qui l'histoire, encor que mensongère,
Contient des vérités qui servent de leçons.
Tout parle en mon ouvrage, et même les poissons :
Ce qu'ils disent s'adresse à tous tant que nous sommes ;
Je me sers d'animaux pour instruire les hommes.
Illustre rejeton d'un prince aimé des cieux,
Sur qui le monde entier a maintenant les yeux,
Et qui faisant fléchir les plus superbes têtes,
Comptera désormais ses jours par ses conquêtes,
Quelque autre te dira d'une plus forte voix
Les faits de tes aïeux et les vertus des rois.
Je vais t'entretenir de moindres aventures,
Te tracer en ces vers de légères peintures ;
Et si de t'agréer je n'emporte le prix,
J'aurai du moins l'honneur de l'avoir entrepris.

La Cigale et la Fourmi

La cigale, ayant chanté
Tout l'été,
Se trouva fort dépourvue
Quand la bise fut venue.
Pas un seul petit morceau
De mouche ou de vermisseau
Elle alla crier famine
Chez la fourmi sa voisine,
La priant de lui prêter
Quelque grain pour subsister
Jusqu'à la saison nouvelle
« Je vous paierai, lui dit-elle,

Avant l'oût, foi d'animal,
Intérêt et principal. »
La fourmi n'est pas prêteuse ;
C'est là son moindre défaut.
« Que faisiez-vous au temps chaud ?
Dit-elle à cette emprunteuse.
– Nuit et jour à tout venant
Je chantais, ne vous déplaise.
– Vous chantiez ? j'en suis fort aise.
Eh bien : dansez maintenant. »

Le Corbeau et le Renard

Maître corbeau, sur un arbre perché
Tenait en son bec un fromage.
Maître renard par l'odeur alléché
Lui tint à peu près ce langage :
« Hé ! bonjour Monsieur du Corbeau
Que vous êtes joli ! que vous me semblez beau !
Sans mentir, si votre ramage
Se rapporte à votre plumage
Vous êtes le phénix des hôtes de ces bois »
A ces mots le corbeau ne se sent pas de joie
Et pour montrer sa belle voix
Il ouvre un large bec laisse tomber sa proie.
Le renard s'en saisit et dit : « Mon bon Monsieur
Apprenez que tout flatteur
Vit aux dépens de celui qui l'écoute :
Cette leçon vaut bien un fromage sans doute. »
Le corbeau honteux et confus
Jura mais un peu tard, qu'on ne l'y prendrait plus.

La grenouille qui veut se faire aussi grosse que le bœuf

Une grenouille vit un bœuf
Qui lui sembla de belle taille.
Elle, qui n'était pas grosse en tout comme un œuf,
Envieuse, s'étend, et s'enfle et se travaille,
Pour égaler l'animal en grosseur,
Disant : « Regardez bien, ma sœur ;
Est-ce assez ? dites-moi : n'y suis-je point encore ?
Nenni. – M'y voici donc ? – Point du tout. – M'y voilà ?
– Vous n'en approchez point. » La chétive pécore
S'enfla si bien qu'elle creva.

Le monde est plein de gens qui ne sont pas plus sages.
Tout bourgeois veut bâtir comme les grands seigneurs,
Tout prince a des ambassadeurs,
Tout marquis veut avoir des pages.

Les deux mulets

Deux mulets cheminaient, l'un d'avoine chargé,
L'autre portant l'argent de la gabelle.
Celui-ci, glorieux d'une charge si belle,
N'eût voulu pour beaucoup en être soulagé.
Il marchait d'un pas relevé,
Et faisait sonner sa sonnette :
Quand, l'ennemi se présentant,
Comme il en voulait à l'argent,
Sur le mulet du fisc une troupe se jette,
Le saisit au frein et l'arrête.
Le mulet, en se défendant,
Se sent percé de coups ; il gémit, il soupire.
« Est-ce donc là, dit-il, ce qu'on m'avait promis ?
Ce mulet qui me suit du danger se retire ;
Et moi j'y tombe et je péris !
– Ami, lui dit son camarade,
Il n'est pas toujours bon d'avoir un haut emploi :
Si tu n'avais servi qu'un meunier, comme moi,
Tu ne serais pas si malade. »

Les deux Mulets

Le Loup et le Chien

Un loup n'avait que les os et la peau,
Tant les chiens faisaient bonne garde.
Ce loup rencontre un dogue aussi puissant que beau,
Gras, poli, qui s'était fourvoyé par mégarde.
L'attaquer, le mettre en quartiers,
Sire loup l'eût fait volontiers ;
Mais il fallait livrer bataille,
Et le mâtin était de taille
A se défendre hardiment.
Le loup donc, l'aborde humblement,
Entre en propos, et lui fait compliment
Sur son embonpoint, qu'il admire.
« Il ne tiendra qu'à vous, beau sire,
D'être aussi gras que moi, lui répartit le chien.
Quittez les bois, vous ferez bien :
Vos pareils y sont misérables,
Cancres, hères, et pauvres diables,
Dont la condition est de mourir de faim.
Car quoi ? rien d'assuré ; point de franche lippée ;
Tout à la pointe de l'épée.
Suivez moi, vous aurez un bien meilleur destin. »
Le loup reprit : « Que me faudra-t-il faire ?
–Presque rien, dit le chien : donner la chasse aux gens
Portant bâtons et mendiants ;
Flatter ceux du logis, à son maître complaire :
Moyennant quoi votre salaire
Sera force reliefs de toutes les façons :
Os de poulets, os de pigeons,
Sans parler de mainte caresse. »
Le loup déjà se forge une félicité
Qui le fait pleurer de tendresse
Chemin faisant, il vit le cou du chien pelé.

« Qu'est-ce là ? lui dit-il. – Rien. – Quoi ? rien ? – Peu de
chose.

– Mais encor ? – Le collier dont je suis attaché
De ce que vous voyez est peut-être la cause.
– Attaché ? dit le loup : vous ne courez donc pas
Où vous voulez ? – Pas toujours ; mais qu'importe ?
– Il importe si bien, que de tous vos repas
Je ne veux en aucune sorte,
Et ne voudrais pas même à ce prix un trésor. »
Cela dit, maître loup s'enfuit, et court encor.

La Génisse, la Chèvre et la Brebis
en société avec le Lion

La génisse, la chèvre et leur sœur la brebis,
Avec un fier lion, seigneur du voisinage,
Firent société, dit-on, au temps jadis,
Et mirent en commun le gain et le dommage.
Dans les lacs de la chèvre un cerf se trouva pris.
Vers ses associés aussitôt elle envoie.
Eux venus, le lion par ses ongles compta,
Et dit : « Nous sommes quatre à partager la proie ».
Puis, en autant de parts le cerf il dépeça ;
Prit pour lui la première en qualité de sire :
« Elle doit être à moi, dit-il, et la raison,
C'est que je m'appelle lion :
A cela l'on n'a rien à dire.
La seconde, par droit, me doit échoir encor :
Ce droit, vous le savez, c'est le droit du plus fort.
Comme le plus vaillant, je prétends la troisième.
Si quelqu'une de vous touche à la quatrième,
Je l'étranglerai tout d'abord. »

La Besace

Jupiter dit un jour : « Que tout ce qui respire
S'en vienne comparaître aux pieds de ma grandeur :
Si dans son composé quelqu'un trouve à redire,
Il peut le déclarer sans peur ;
Je mettrai remède à la chose.
Venez, singe ; parlez le premier, et pour cause.
Voyez ces animaux, faites comparaison
De leurs beautés avec les vôtres.
Êtes-vous satisfait ? – Moi ? dit-il ; pourquoi non ?
N'ai-je pas quatre pieds aussi bien que les autres ?
Mon portrait jusqu'ici ne m'a rien reproché ;
Mais pour mon frère l'ours, on ne l'a qu'ébauché :
Jamais, s'il me veut croire, il ne se fera peindre. »
L'ours venant là-dessus, on crut qu'il s'allait plaindre.
Tant s'en faut : de sa forme il se loua très fort ;
Glosa sur l'éléphant, dit qu'on pourrait encor
Ajouter à sa queue, ôter à ses oreilles ;
Que c'était une masse informe et sans beauté.
L'éléphant étant écouté,
Tout sage qu'il était, dit des choses pareilles :
Il jugea qu'à son appétit
Dame baleine était trop grosse.
Dame fourmi trouva le ciron trop petit,
Se croyant, pour elle, un colosse.
Jupin les renvoya s'étant censurés tous,
Du reste contents d'eux.
Mais parmi les plus fous
Notre espèce excella ; car tout ce que nous sommes,
Lynx envers nos pareils, et taupes envers nous,
Nous nous pardonnons tout, et rien aux autres hommes :
On se voit d'un autre œil qu'on ne voit son prochain.
Le fabricateur souverain
Nous créa besaciers tous de même manière,

Tant ceux du temps passé que du temps d'aujourd'hui :
Il fit pour nos défauts la poche de derrière,
Et celle de devant pour les défauts d'autrui.

L'hirondelle et les petits oiseaux

Une hirondelle en ses voyages
Avait beaucoup appris. Quiconque a beaucoup vu
Peut avoir beaucoup retenu.
Celle-ci prévoyait jusqu'aux moindres orages,
Et devant qu'ils ne fussent éclos,
Les annonçait aux matelots.
Il arriva qu'au temps que le chanvre se sème,
Elle vit un manant en couvrir maints sillons.
« Ceci ne me plaît pas, dit-elle aux oisillons :
Je vous plains, car pour moi, dans ce péril extrême,
Je saurai m'éloigner, ou vivre en quelque coin.
Voyez-vous cette main qui, par les airs chemine ?
Un jour viendra, qui n'est pas loin,
Que ce qu'elle répand sera votre ruine.
De là naîtront engins à vous envelopper,
Et lacets pour vous attraper,
Enfin, mainte et mainte machine
Qui causera dans la saison
Votre mort ou votre prison :
Gare la cage ou le chaudron !
C'est pourquoi, leur dit l'hirondelle,
Mangez ce grain et croyez-moi. »
Les oiseaux se moquèrent d'elle :
Ils trouvaient aux champs trop de quoi.
Quand la chènevière fut verte,
L'hirondelle leur dit : « Arrachez brin à brin
Ce qu'a produit ce mauvais grain,
Ou soyez sûrs de votre perte.
–Prophète de malheur, babillarde, dit-on,
Le bel emploi que tu nous donnes !
Il nous faudrait mille personnes
Pour éplucher tout ce canton. »
La chanvre étant tout à fait crue,

L'hirondelle ajouta : « Ceci ne va pas bien ;
Mauvaise graine est tôt venue.
Mais puisque jusqu'ici l'on ne m'a crue en rien,
Dès que vous verrez que la terre
Sera couverte, et qu'à leurs blés
Les gens n'étant plus occupés
Feront aux oisillons la guerre ;
Quand reglingettes et réseaux
Attraperont petits oiseaux,
Ne volez plus de place en place,
Demeurez au logis ou changez de climat :
Imitez le canard, la grue ou la bécasse.
Mais vous n'êtes pas en état
De passer, comme nous, les déserts et les ondes,
Ni d'aller chercher d'autres mondes ;
C'est pourquoi vous n'avez qu'un parti qui soit sûr,
C'est de vous enfermer aux trous de quelque mur. »
Les oisillons, las de l'entendre,
Se mirent à jaser aussi confusément
Que faisaient les Troyens quand la pauvre Cassandre
Ouvrait la bouche seulement.
Il en prit aux uns comme aux autres :
Maint oisillon se vit esclave retenu.

Nous n'écoutons d'instincts que ceux qui sont les nôtres
Et ne croyons le mal que quand il est venu.

L'Hirondelle et les petits Oiseaux

Le Rat de ville et
le Rat des champs

Autrefois le rat des villes
Invita le rat des champs
D'une façon fort civile,
A des reliefs d'ortolans

Sur un tapis de Turquie
Le couvert se trouva mis.
Je laisse à penser la vie
Que firent ces deux amis.

Le régal fut fort honnête :
Rien ne manquait au festin ;
Mais quelqu'un troubla la fête
Pendant qu'ils étaient en train.

A la porte de la salle
Ils entendirent du bruit :
Le rat de ville détale,
Son camarade le suit.

Le bruit cesse, on se retire :
Rats en campagne aussitôt ;
Et le citadin de dire :
« Achevons tout notre rôt.

– C'est assez, dit le rustique ;
Demain vous viendrez chez moi.
Ce n'est pas que je me pique
De tous vos festins de roi ;

Mais rien ne vient m'interrompre :
Je mange tout à loisir.

Adieu donc. Fi du plaisir
Que la crainte peut corrompre ! »

Le Rat de ville et le Rat des Champs

Le loup et l'agneau

La raison du plus fort est toujours la meilleure :
Nous l'allons montrer tout à l'heure.

Un Agneau se désaltérait
Dans le courant d'une onde pure.
Un loup survient à jeun, qui cherchait aventure,
Et que la faim en ces lieux attirait.
« Qui te rend si hardi de troubler mon breuvage ?
Dit cet animal plein de rage :
Tu seras châtié de ta témérité.
– Sire, répond l'agneau, que Votre Majesté
Ne se mette pas en colère ;
Mais plutôt qu'elle considère
Que je me vas désaltérant
Dans le courant,
Plus de vingt pas au-dessous d'Elle ;
Et que par conséquent, en aucune façon
Je ne puis troubler sa boisson.
– Tu la troubles, reprit cette bête cruelle ;
Et je sais que de moi tu médis l'an passé.
– Comment l'aurais-je fait si je n'étais pas né ?
Reprit l'agneau ; je tette encor ma mère
– Si ce n'est toi, c'est donc ton frère.
– Je n'en ai point. – C'est donc l'un des tiens ;
Car vous ne m'épargnez guère,
Vous, vos bergers et vos chiens.
On me l'a dit : il faut que je me venge. »
Là-dessus, au fond des forêts
Le loup l'emporte et puis le mange,
Sans autre forme de procès.

Le Loup et l'Agneau

L'homme et son image

Pour M. le Duc de La Rochefoucauld

Un homme qui s'aimait sans avoir de rivaux
Passait dans son esprit pour le plus beau du monde :
Il accusait toujours les miroirs d'être faux,
Vivant plus que content dans une erreur profonde.
Afin de le guérir, le sort officieux
Présentait partout à ses yeux
Les conseillers muets dont se servent nos dames :
Miroirs dans les logis, miroirs chez les marchands,
Miroirs aux poches des galands,
Miroirs aux ceintures des femmes.
Que fait notre Narcisse ? Il se va confiner
Aux lieux les plus cachés qu'il peut s'imaginer,
N'osant plus des miroirs éprouver l'aventure.
Mais un canal, formé par une source pure,
Se trouve en ces lieux écartés :
Il s'y voit, il se fâche, et ses yeux irrités
Pensent apercevoir une chimère vaine.
Il fait tout ce qu'il peut pour éviter cette eau ;
Mais quoi ? Le canal est si beau
Qu'il ne le quitte qu'avec peine.

On voit bien où je veux venir.
Je parle à tous ; et cette erreur extrême
Est un mal que chacun se plaît d'entretenir.
Notre âme, c'est cet homme amoureux de lui-même ;
Tant de miroirs, ce sont les sottises d'autrui,
Miroirs, de nos défauts les peintres légitimes ;
Et quant au canal, c'est celui
Que chacun sait, le livre des Maximes.

Le dragon à plusieurs têtes et le dragon à plusieurs queues

Un envoyé du Grand Seigneur
Préférait, dit l'histoire, un jour chez l'empereur
Les forces de son maître à celles de l'Empire.
Un allemand se mit à dire :
« Notre prince a des dépendants
Qui, de leur chef, sont si puissants
Que chacun d'eux pourrait soudoyer une armée. »
Le chiaoux, homme de sens,
Lui dit : « Je sais par renommée
Ce que chaque Électeur peut de monde fournir ;
Et cela me fait souvenir
D'une aventure étrange, et qui pourtant est vraie.
J'étais en un lieu sûr, lorsque je vis passer
Les cent têtes d'une hydre au travers d'une haie.
Mon sang commence à se glacer ;
Et je crois qu'à moins on s'effraie.
Je n'en eus toutefois que la peur sans le mal :
Jamais le corps de l'animal
Ne put venir vers moi, ni trouver d'ouverture.
Je rêvais à cette aventure,
Quand un autre dragon, qui n'avait qu'un seul chef
Et bien plus qu'une queue, à passer se présente.
Me voilà saisi derechef
D'étonnement et d'épouvante.
Ce chef passe, et le corps, et chaque queue aussi :
Rien ne les empêcha ; l'un fit chemin à l'autre.
Je soutiens qu'il en est ainsi
De votre empereur et du nôtre. »

Les voleurs et l'Âne

Pour un âne enlevé deux voleurs se battaient :
L'un voulait le garder, l'autre le voulait vendre.
Tandis que coups de poing trottaient,
Et que nos champions songeaient à se défendre,
Arrive un troisième larron
Qui saisit maître Aliboron.

L'âne, c'est quelquefois une pauvre province :
Les voleurs sont tel ou tel prince,
Comme le Transylvain, le Turc et le Hongrois.
Au lieu de deux, j'en ai rencontré trois :
Il est assez de cette marchandise.
De nul d'eux n'est souvent la province conquise :
Un quart voleur survient, qui les accorde net
En se saisissant du baudet.

Simonide préservé par les Dieux

On ne peut trop louer trois sortes de personnes :
Les dieux, sa maîtresse et son roi.
Malherbe le disait, j'y souscris, quant à moi :
Ce sont maximes toujours bonnes.
La louange chatouille et gagne les esprits.
Voyons comme les dieux l'ont quelquefois payée.

Simonide avait entrepris
L'éloge d'un athlète ; et la chose essayée,
Il trouva son sujet plein de récits tout nus.
Les parents de l'athlète étaient gens inconnus ;
Son père, un bon bourgeois ; lui, sans autre mérite ;
Matière infertile et petite.
Le poète d'abord, parla de son héros.
Après en avoir dit ce qu'il en pouvait dire,
Il se jette à côté, se met sur le propos
De Castor et Pollux ; ne manque pas d'écrire
Que leur exemple était aux lutteurs glorieux ;
Élève leurs combats, spécifiant les lieux
Où ces frères s'étaient signalés davantage ;
Enfin l'éloge de ces dieux
Faisait les deux tiers de l'ouvrage.
L'athlète avait promis d'en payer un talent ;
Mais quand il le vit, le galand
N'en donna que le tiers ; et dit fort franchement
Que Castor et Pollux acquittassent le reste.
« Faites vous contenter par ce couple céleste.
Je veux vous traiter cependant :
Venez souper chez moi ; nous ferons bonne vie :
Les conviés sont gens choisis,
Mes parents, mes meilleurs amis,
Soyez donc de la compagnie. »
Simonide promit. Peut-être qu'il eut peur

De perdre, outre son dû, le gré de sa louange.
Il vient : l'on festine, l'on mange.
Chacun étant en belle humeur,
Un domestique accourt, l'avertit qu'à la porte
Deux hommes demandaient à le voir promptement.
Il sort de table ; et la cohorte
N'en perd pas un seul coup de dent.
Ces deux hommes étaient les gémeaux de l'éloge.
Tous deux lui rendent grâce, et, pour prix de ses vers,
Ils l'avertissent qu'il déloge,
Et que cette maison va tomber à l'envers.
La prédiction en fut vraie.
Un pilier manque ; et le plafond
Ne trouvant plus rien qui l'étaie,
Tombe sur le festin, brise plats et flacons,
N'en fait pas moins aux échansons.
Ce ne fut pas le pis, car pour rendre complète
La vengeance due au poète,
Une poutre cassa les jambes à l'athlète,
Et renvoya les convies
Pour la plupart estropiés.
La renommée eut soin de publier l'affaire :
Chacun cria miracle.
On doubla le salaire
Que méritaient les vers d'un homme aimé des dieux.
Il n'était fils de bonne mère
Qui, les payant à qui mieux mieux,
Pour ses ancêtres n'en fit faire.

Je reviens à mon texte, et dis premièrement
Qu'on ne saurait manquer de louer largement
Les dieux et leurs pareils, de plus que Melpomène
Souvent, sans déroger, trafique de sa peine ;
Enfin, qu'on doit tenir notre art en quelque prix.
Les grands se font honneur dès lors qu'ils nous font grâce :

Jadis l'Olympe et le Parnasse
Étaient frères et bons amis.

La mort et le malheureux

Un malheureux appelait tous les jours
La mort à son secours
« O Mort, lui disait-il, que tu me sembles belle !
Viens vite, viens finir ma fortune cruelle ! »
La mort crut, en venant, l'obliger en effet.
Elle frappe à sa porte, elle entre, elle se montre.
« Que vois-je ? cria-t-il : ôtez-moi cet objet ;
Qu'il est hideux ! que sa rencontre
Me cause d'horreur et d'effroi
N'approche pas, ô Mort ! ô Mort, retire-toi ! »

Mécénas fut un galant homme ;
Il a dit quelque part : « Qu'on me rende impotent.
Cul-de-jatte, goutteux, manchot, pourvu qu'en somme
Je vive, c'est assez, je suis plus que content. »
Ne viens jamais, ô Mort ; on t'en dit tout autant.

La mort et le bûcheron

Un pauvre bûcheron, tout couvert de ramée,
Sous le faix du fagot aussi bien que des ans
Gémissant et courbé, marchait à pas pesants,
Et tâchait de gagner sa chaumine enfumée.
Enfin, n'en pouvant plus d'effort et de douleur,
Il met bas son fagot, il songe à son malheur.
Quel plaisir a-t-il eu depuis qu'il est au monde ?
En est-il un plus pauvre en la machine ronde ?
Point de pain quelquefois et jamais de repos.
Sa femme, ses enfants, les soldats, les impôts,
Le créancier et la corvée
Lui font d'un malheureux la peinture achevée.
Il appelle la Mort. Elle vient sans tarder,
Lui demande ce qu'il faut faire.
« C'est, dit-il, afin de m'aider
A recharger ce bois, tu ne tarderas guère. »

Le trépas vient tout guérir ;
Mais ne bougeons d'où nous sommes :
Plutôt souffrir que mourir,
C'est la devise des hommes.

La Mort et le Bucheron

L'homme entre deux âges
et ses deux maîtresses

Un homme de moyen âge,
Et tirant sur le grison
Jugea qu'il était saison
De songer au mariage.
Il avait du comptant,
Et partant
De quoi choisir ; toutes voulaient lui plaire :
En quoi notre amoureux ne se pressait pas tant ;
Bien adresser n'est pas petite affaire.
Deux veuves sur son cœur eurent le plus de part :
L'une encor verte, et l'autre un peu bien mûre,
Mais qui réparait par son art
Ce qu'avait détruit la nature.
Ces deux veuves, en badinant,
En riant, en lui faisant fête,
L'allaient quelquefois testonnant,
C'est à dire ajustant sa tête.
La vieille, à tous moments, de sa part emportait
Un peu du poil noir qui restait
Afin que son amant en fût plus à sa guise.
La jeune saccageait les poils blancs à son tour.
Toutes deux firent tant, que notre tête grise
Demeura sans cheveux, et se douta du tour.
« Je vous rends, leur dit-il, mille grâces, les belles,
Qui m'avez si bien tondu :
J'ai plus gagné que perdu ;
Car d'hymen point de nouvelles.
Celle que je prendrais voudrait qu'à sa façon
Je vécusse, et non à la mienne.
Il n'est tête chauve qui tienne.
Je vous suis obligé, belles, de la leçon. »

Le Renard et la Cigogne

Compère le renard se mit un jour en frais,
Et retint à dîner commère la cigogne.
Le régal fut petit et sans beaucoup d'apprêts :
Le galand, pour toute besogne,
Avait un brouet clair : il vivait chichement.
Ce brouet fut par lui servi sur une assiette :
La cigogne au long bec n'en put attraper miette,
Et le drôle eut lapé le tout en un moment.
Pour se venger de cette tromperie,
A quelque temps de là, la cigogne le prie.
« Volontiers, lui dit-il, car avec mes amis,
Je ne fais point cérémonie. »
A l'heure dite, il courut au logis
De la cigogne son hôtesse ;
Loua très fort sa politesse ;
Trouva le dîner cuit à point :
Bon appétit surtout, renards n'en manquent point.
Il se réjouissait à l'odeur de la viande
Mise en menus morceaux, et qu'il croyait friande.
On servit, pour l'embarrasser,
En un vase à long col et d'étroite embouchure.
Le bec de la cigogne y pouvait bien passer ;
Mais le museau du sire était d'autre mesure.
Il lui fallut à jeun retourner au logis,
Honteux comme un renard qu'une poule aurait pris,
Serrant la queue, et portant bas l'oreille.

Trompeurs, c'est pour vous que j'écris :
Attendez-vous à la pareille.

L'enfant et le maître d'école

Dans ce récit je prétends faire voir
D'un certain sot la remontrance vaine.

Un jeune enfant dans l'eau se laissa choir
En badinant sur les bords de la Seine.
Le ciel permit qu'un saule se trouva,
Dont le branchage, après Dieu, le sauva.
S'étant pris, dis-je, aux branches de ce saule,
Par cet endroit passe un maître d'école ;
L'enfant lui crie : « Au secours, je péris. »
Le magister, se tournant à ses cris,
D'un ton fort grave à contretemps s'avise
De le tancer : « Ah ! le petit babouin !
Voyez, dit-il, où l'a mis sa sottise !
Et puis, prenez de tels fripons le soin.
Que les parents sont malheureux qu'il faille
Toujours veiller à semblable canaille !
Qu'ils ont de maux ! et que je plains leur sort. »
Ayant tout dit, il mit l'enfant à bord.

Je blâme ici plus de gens qu'on ne pense.
Tout babillard, tout censeur, tout pédant
Se peut connaître au discours que j'avance.
Chacun des trois fait un peuple fort grand :
Le créateur en a béni l'engeance.
En toute affaire ils ne font que songer
Aux moyens d'exercer leur langue.
Eh ! mon ami, tire-moi du danger,
Tu feras après ta harangue.

Le coq et la perle

Un jour un coq détourna
Une perle qu'il donna
Au beau premier lapidaire.
« Je la crois fine, dit-il ;
Mais le moindre grain de mil
Serait bien mieux mon affaire. »

Un ignorant hérita
D'un manuscrit qu'il porta
Chez son voisin le libraire.
« Je crois, dit-il qu'il est bon ;
Mais le moindre ducaton
Serait bien mieux mon affaire. »

Les frelons et les mouches à miel

A l'œuvre on connaît l'artisan.

Quelques rayons de miel sans maître se trouvèrent :
Des frelons les réclamèrent ;
Des abeilles s'opposant,
Devant certaine guêpe on traduisit la cause.
Il était malaisé de décider la chose :
Les témoins déposaient qu'autour de ces rayons
Des animaux ailés, bourdonnant, un peu longs,
De couleur fort tannée, et tels que les abeilles,
Avaient longtemps paru. Mais quoi ! dans les frelons
Ces enseignes étaient pareilles.
La guêpe, ne sachant que dire à ces raisons,
Fit enquête nouvelle, et pour plus de lumière,
Entendit une fourmilière.
Le point n'en put être éclairci.
« De grâce, à quoi bon tout ceci ?
Dit une abeille fort prudente.
Depuis tantôt six mois que la cause est pendante,
Nous voici comme aux premiers jours.
Pendant cela le miel se gâte.
Il est temps désormais que le juge se hâte :
N'a-t-il point assez léché l'ours ?
Sans tant de contredits, et d'interlocutoires,
Et de fatras et de grimoires,
Travaillons, les frelons et nous :
On verra qui sait faire, avec un suc si doux,
Des cellules si bien bâties »
Le refus des frelons fit voir
Que cet art passait leur savoir ;
Et la guêpe adjugea le miel à leurs parties.

Plût à Dieu qu'on réglât ainsi tous les procès :

Que des turcs en cela l'on suivît la méthode !
Le simple sens commun nous tiendrait lieu de code :
Il ne faudrait point tant de frais ;
Au lieu qu'on nous mange, on nous gruge,
On nous mine par des longueurs ;
On fait tant, à la fin, que l'huître est pour le juge,
Les écailles pour les plaideurs.

Le chêne et le roseau

Le chêne un jour dit au roseau :
« Vous avez bien sujet d'accuser la nature ;
Un roitelet pour vous est un pesant fardeau ;
Le moindre vent qui d'aventure
Fait rider la face de l'eau,
Vous oblige à baisser la tête.
Cependant que mon front, au Caucase pareil,
Non content d'arrêter les rayons du soleil,
Brave l'effort de la tempête.
Tout vous est aquilon, tout me semble zéphyr.
Encor si vous naissiez à l'abri du feuillage
Dont je couvre le voisinage,
Vous n'auriez pas tant à souffrir :
Je vous défendrai de l'orage ;
Mais vous naissez le plus souvent
Sur les humides bords des royaumes du vent.
La nature envers vous me semble bien injuste.
– Votre compassion, lui répondit l'arbuste,
Part d'un bon naturel ; mais quittez ce souci :
Les vents me sont moins qu'à vous redoutables ;
Je plie, et ne romps pas. Vous avez jusqu'ici
Contre leurs coups épouvantables
Résisté sans courber le dos ;
Mais attendons la fin. » Comme il disait ces mots,
Du bout de l'horizon accourt avec furie
Le plus terrible des enfants
Que le nord eût porté jusque là dans ses flancs.
L'arbre tient bon ; le roseau plie.
Le vent redouble ses efforts,
Et fait si bien qu'il déracine
Celui de qui la tête au ciel était voisine,
Et dont les pieds touchaient à l'empire des morts.

Le Chêne et le Roseau